yukismart.com/b/694806

cat

katt

dog

hund

fish

fiskar

bird

fågel

hen

höna

rooster

tupp

chick

kyckling

egg

ägg

cow

ko

sheep

får

pig

gris

goat

get

horse

häst

donkey

åsna

mouse

mus

rabbit

kanin

turkey

kalkon

goose

gås

peacock

påfågel

duck

anka

duckling

ankunge

swan

svan

dragonfly

trollslända

fly

fluga

ant

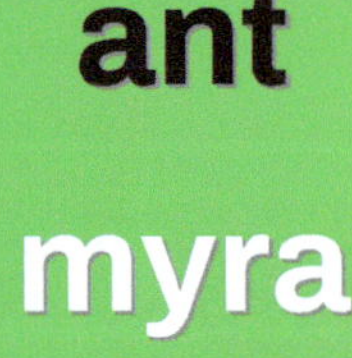

myra

anteater

myrslok

ladybug

nyckelpiga

earthworm

daggmask

slug

snigel

caterpillar

larv

snail

snigel

butterfly

fjäril

grasshopper

gräshoppa

bee

bi

honey

honung

spider

spindel

grass

gräs

beetle

skalbagge

mosquito

mygga

scorpion

skorpion

lizard

ödla

turtle

sköldpadda

crab

krabba

shrimp

räka

lobster

hummer

whale

val

shark

haj

stingray

stingrocka

dolphin

delfin

sea urchin

sjöborre

jellyfish

manet

squid

bläckfisk

starfish

sjöstjärna

seagull

fiskmås

sea

hav

pelican

pelikan

cormorant

skarvfågel

shells

snäckor

sand

sand

elephant

elefant

zebra

zebra

giraffe

giraff

snake

orm

crocodile

krokodil

lion

lejon

tiger

tiger

hippopotamus

flodhäst

rhinoceros

noshörning

cheetah

gepard

camel

kamel

antelope

antilop

flamingo

flamingo

ostrich

struts

stork

stork

parrot

papegoja

gorilla

gorilla

monkey

apa

koala

koala

panda

panda

kangaroo

känguru

hedgehog

igelkott

squirrel

ekorre

wolf

varg

fox

räv

racoon

tvättbjörn

bear

björn

deer

rådjur

eagle

örn

bat

fladdermus

boar

vildsvin

crow

kråka

owl

uggla

woodpecker

hackspett

polecat

iller

mole

mullvad

beaver

bäver

polar bear

isbjörn

snow

snö

penguin

pingvin

snowy owl

fjälluggla

forest

skog

mountain

berg

narwhal

narval

orca

späckhuggare

walrus

valross

seal

säl